Puntal del aire

León Molina

PUNTAL DEL AIRE

Ediciones Trea

Primera edición: septiembre de 2024

© León Molina, 2024

© de esta edición:
Ediciones Trea, S.L.
María González la Pondala, 98, nave D
33393 Somonte-Cenero. Gijón (Asturias)
Tel.: 985.303.801. Fax: 985.303.712
trea@trea.es | www.trea.es

Dirección editorial: Álvaro Díaz Huici
Producción: Patricia Laxague Jordán
Dibujo de colofón: Javier del Río
Impresión: Podiprint

Depósito legal: AS 00768-2024
ISBN: 978-84-10263-26-0

Impreso en España – *Printed in Spain*

Cuerdas de plata

Las no cuajadas perlas deste río,
que en urna breve su cristal desata,
undoso plectro son, cuerdas de plata.

JUAN DE TASSIS. CONDE DE VILLAMEDIANA

ESTA NOCHE

Estoy solo en la casa junto al monte.
El viento sopla fuerte
haciendo ruido en las ventanas.
Hace frío.
Esta noche no están aquí
ninguno de los hombres que me habitan.
Tan solo quedo yo.

HOY

Hoy
por fin he conseguido
perderme en el bosque.
Deambulé
pastando como un ciervo
los brotes del paisaje.
Metí
las cinco salamandras
de mi mano en el arroyo.
Comí
gruñendo sin temor
las bellotas más dulces.
Hasta que la silueta
de un monte conocido
me dijo dónde estaba.
Dónde no estaba.
Y sin comprender comprendí.
Para saber dónde se está
hay que perderse.

PÁJARO NEGRO

Un pájaro negro atraviesa
la columna de sol
que está sosteniendo el cielo y la luz
se dispersa sobre la nieve
aislada en los cantiles.
Como las nubes alargadas
por el gélido viento
me deslizo en las sombras
que abren paso a la noche.
Mi corazón se entrega a todo
lo que en el silencio se acaba.
Soy un hombre final,
el último de los que he sido.

ALDEA

En los ejidos de la aldea
igual que trastos se acumula
todo aquello que no va a suceder.
La soledad como una lluvia
gris y constante borra
los acontecimientos.
Antes de que todo sucumba
en la apariencia, llueve.
En la aldea está lloviendo siempre.

RETAMA

La garganta amarilla
de la retama está diciendo
lo que yo pienso.
Somos la misma voz quemada
por la canícula
en la vaina reseca.

ESPADA

Una espada de luz
atraviesa la niebla
sucia del encinar.
El árbol elegido
para iniciar la herida
sereno abre su copa
a la presión dorada.
El hierro hace su vía
por el húmedo vientre
mientras desfallecemos
sin saber qué designio
nos convirtió en ofrenda.
Ya sólo somos luz,
un charco de color
en el bosque perdido.

ESTACIONES

Las estaciones se entrecruzan
con estaciones interiores.
Juegan, se acercan, se distancian,
nos colman, nos disgustan.
Marchan por el mismo camino
pero solo porque no hay otro.
Esperar el regreso de las águilas
convierte el invierno en verano.
Acariciar el musgo
en el arroyo en que te bañas
convierte el verano en invierno.
Porque solo se puede vivir
cuando se vive el doble.

EL MES SIN PÁJAROS

El mes sin pájaros
se desliza bajo la nieve
muy lentamente.
Suena rítmica el hacha
que parte leña dando voz
al humo de las chimeneas.
Es el invierno.
Rumiante manso que mastica
la flor de la escarcha y perfuma
con su respiración el aire.
Es el invierno.
Sólida transparencia
por la que vuela solitario
el pájaro incondicional del hombre.

POLIZÓN

El zumbido del frigorífico.
La respiración ronca
de la perra que duerme
licuada en mi regazo.
Algún golpe de viento
leve sobre los árboles.
Un cárabo en la oscuridad
que le canta a las ruinas.
La persiana del bar
y las últimas voces.
El crepitar de la madera
entregada a las brasas.
Las notas del silencio.
El mundo que se adentra
en el mundo llevándome con él
como un polizón consentido.

LUPA

Una mancha gris en la piedra
en la corta distancia se convierte
en liquen de intrincadas geometrías.
En nuestra memoria también
la lupa es fuente de sorpresa.
Todas las piezas del olvido
son parte de las manchas grises
que dan un rostro al personaje.

LÚGANO

El medallón amarillo del lúgano
que vi a través de los prismáticos
ahora es un recuerdo que viene
del calor de la estufa.
Es el invierno
de los que nos quedamos
guardando el centro de las migraciones.
Vale decir, el corazón de hielo
que guarda el sol.
Vivimos,
todo está bien,
somos pequeños.

FALSO AZAFRÁN

No eres
el protagonista del mundo.
Una flor de falso azafrán
vibra en el aire en medio del camino
que el desuso va borrando.
Tú pasas por allí
con caminar solemne.
Eres una partícula
de un mundo muy grande como esa flor
que parece azafrán sin serlo.
Si todo gira en torno a ti
no te engañes, es sólo porque todo
gira sin cesar en torno a todo.

PETIRROJO

El petirrojo tiene
el sol del amanecer en el pecho.
Mis ojos se abren en su luz
esperando que el día
sea un pájaro diminuto
que brilla oculto entre las ramas.

ESCUCHANDO LA LLUVIA

Recostado en el marco de la puerta
escucho la lluvia.
Parecen estrellas las luces
de las aldeas bajo el cielo
que está volando bajo.
Cesaron los sonidos habituales
que pueblan la noche de los montes
y en su lugar la lluvia nos recuerda
que el tiempo sigue arando
como una vieja yunta.
Pasa un perro que me deja sin rumbo
en medio de tanto camino
que parte de mi casa.
Cuando cierro la puerta
descubro agradecido
que no cesa la lluvia,
que llueve también aquí dentro.

PAISAJE

Otros ojos mirarán desde aquí
cuando yo ya no esté.
Frente a ellos estará mi mirada
que ayudó a construir este paisaje.

SERENIDAD

No deseaba morir mas la muerte
fue dulce en mis labios por un instante.
Las luces rojas del crepúsculo
mostraban la serenidad
con la que todo en un momento
podría ser aniquilado.

REPETIRSE

Este atardecer está lleno
de belleza porque es antiguo.
Las manchas de óxido
en los metales de la luz
son el germen de la palabra.
El sol cae siempre en el mismo sitio.
Saber es repetirse ante el ocaso.

RECOSTADO EN UN VIEJO MURO

Caminan los ojos infatigables
sin necesidad de que se muevan lo pies.
Recostado en un viejo muro
el paisaje desgrana sus senderos para mí
con la amabilidad de un anfitrión
que quiere compartir lo que conoce.
El bosque de luz en las piedras
que fatiga el arroyo,
la palabra elástica
del viento en las retamas,
el derramarse de las sombras
en el recipiente del valle
son secretos que atentas
escuchan las pupilas.
No hay más hondo descubrimiento
que lo nuevo en lo mismo,
los velos que caen de la quietud.
Un paso tras otro me alejo
para llegar hasta donde estoy
en medio del sendero inagotable.

TODO ES VERDAD

Una luz ponderada
más atenta a los contornos de aquello
que ilumina que al brillo
arrogante que lo disipa.
Un atardecer sin el peso de las promesas.
El árbol es un árbol.
El pájaro sobre las ramas
no es más que un pájaro y no aspira
a convertirse en otra cosa.
Los ojos pueden ver
ante las puertas de la noche.
Todo es verdad cuando se apaga.

UN TRONCO

Quieto en mitad del bosque
tengo al alcance de la mano
el silencio del tronco que se pudre
muy lentamente. Su silencio
es un verso que busca su poema.
Ese poema que también
aprenda sin ruido a descomponerse.

PASTORES

Tras la ausencia regreso a casa
y encuentro el invierno sentado
con los ojos brillantes fijos
en los campos como un pastor
que con larga mirada observa
el caminar de su rebaño.
No le digo nada y enciendo
la estufa lenta y silenciosa.
Trasteo un poco y tomo un libro
que va regresando a la vida
en la tibieza de mis manos.
Se caldea la habitación
y pica en los cristales nieve
que se anuncia como los pájaros
que en el atardecer regresan
a la costumbre de su aldea.
Ahora ya estoy caliente y solo
sin otra compañía que
esa mirada que dejó
el invierno sobre mis ojos.
Ahora soy yo quien cuida el rebaño.

2

Arjé

AGUA

Tales dijo que «el agua es el primer principio de las cosas;
que el mundo está animado y lleno de espíritus».

Diógenes Laercio

La niebla saca un molde
al rostro de los campos
y lo acomoda a la memoria.
Mis ojos como caracoles
se deslizan por el paisaje.
Soy agua en el agua del aire.
Todo lo que se puede recordar
sucede con la lluvia.

FUEGO

Heráclito dijo que «todas las cosas provienen del fuego,
y en él se resuelven. Todas las cosas se hacen
según el hado, y por la conversión de los contrarios
se ordenan y adaptan los entes».

DIÓGENES LAERCIO

Sabido es que el hombre es polvo,
ceniza que contiene sin embargo
el sólido capricho de las formas,
el temple del amor
o el acero de la mirada.
Somos el final de una hoguera,
una brasa agonizante al albur
del labio carnoso del viento.
Nada es humano si no arde.

AIRE

Anaxímenes dijo que «el principio de las cosas
es el aire y el infinito».

DIÓGENES LAERCIO

La luz busca entre la niebla el color
y el paisaje en mis ojos la memoria.
Todo está preparado
bajo el amanecer.
El mundo se tensa como una vaina
que quiere romperse y lanzar
al viento sus semillas.
El viento, vivero de todo lo que existe.

ÁPEIRON

Anaximandro dijo que «el infinito es el principio
y elemento», sin definir el aire, el agua ni otra cosa.
«Que sus partes son mudables, pero del todo inmutables».

DIÓGENES LAERCIO

No intenté nunca hacer literatura
nunca quise ser yo el que dictara
a la mano en busca del lenguaje.
Sólo escuché la voz del mundo en su decirse
y en su voz encontré la mía.
No sé muy bien lo que escribí.
Sé tan solo que dije la verdad
y, por ser dicha, se escondió
en la oscuridad donde
de nuevo la persigo.
En la quietud miro mi mano
y el lápiz. Esperando.

3
El velo y el arpa

Detrás del velo está llorando un arpa.
Sus cantos pueden instruirte;
mas sepas tú escucharlos.

Khwaja Shamsud-din Mohammad, HAFIZ

VIOLONCHELOS

Vi nuestro amor corporizado,
transparente, bailando
a nuestro alrededor.
Y nosotros
        yo leyendo
        tu dibujando
viejos y huecos como violonchelos
abandonados en la oscuridad,
pulsando el negro mástil del olvido,
sonando débilmente todavía.

EL PUÑAL

El querer, dicen, es como un puñal
afilado que se nos clava
y provoca un daño dulzón
que al mismo tiempo gusta y duele.
De todo esto tú
no te habrás dado cuenta
pues estás a lo tuyo
sin ver que aquí estoy como
un tonto con el pincho
en un espacio inter-
costal muriendo tan
feliz por el estrago
(por supuesto inocente
cariño ya lo sé)
letal de tu sonrisa.

EL VIEJO PIRATA ZARPA DE NUEVO

Vislumbras el amor como un tatuaje
que pierde color en tu piel
por la insistencia de la luz.
Te alejas. Estás solo.
Y levantas tu copa
cansado y desafiante
cuando tu barco enfila
de nuevo la bocana.
Es tu última singladura
y vas a vender caro tu pellejo.
Tus ojos van armados
de aquella feroz mansedumbre.
Y una botella de ron.

EL IMBÉCIL

Es joven y me gusta.
Le digo algunas tonterías
para hacerla reír.
No puedo evitarlo, si una mujer
me gusta trato de hacerla reír.
Con ella lo consigo,
se ríe agarrando mi brazo.
Yo me río también,
me río de mí del imbécil
que besaría ahora mismo a esa chica
treinta años más joven.
Nos reímos los dos.
Qué momento tan divertido.
Hay que ver qué risa me da.

PARÁSITO

Pasa una chica con la luz
grisácea de la lluvia en primavera
reflejada en su rostro.
Camina despacio, como sin ganas
y resulta evidente que está triste.
Yo la observo y me inunda
el deleite de su belleza,
sus rasgos adornados por la pena.
Soy un parásito que se alimenta
de su dolor.
La alegría, como la vida,
se abre paso en nosotros
sin mucho miramiento.

CI VEDIAMO DOMANI

Se hizo presente la belleza
tras la mano que entregaba el café.
Una belleza que yo contemplaba
a mil kilómetros de altura
sentado en este mundo
aéreo en que ahora habito.
Mas veía perfectamente sus facciones
el color alpino de su mirada
sus labios anegados por la niebla.
Volveré a este bar arrastrando
el cruel dolor de los tobillos,
el aire insuficiente
de viejo fumador
y el vano abrigo de mi piel gastada.
Tengo que volver volveré
para contemplar ese rostro
que clava sus cristales
en la seda que todavía
envuelve el mármol de mis ojos.

CAMINÁBAMOS

Caminábamos abrazados.
Comenzó a llover y nos convertimos
en hilos de tinta rodando
sobre el papel de arroz de la mañana.

AMALIA

El tiempo como un perro viejo
ha vuelto y se tumba a mi lado.
En su boca trae una foto.
Es Amalia.

UNA MUJER QUE PASA POR LA ACERA

Tendrás mi edad probablemente
y me pregunto cómo
has salvado tanta belleza
de todos esos años.
Entraste en un comercio.
Esperé como un siglo
y volví a seguirte no sé
si como un imbécil,
como un adolescente
o como un dios desocupado.
Imaginé tus ojos
treinta años atrás
no porque pudieran ser más profundos
ni más bellos sino
porque esos ojos pudieron cruzarse
entonces con los míos
y podría yo ahora ir a tu lado
llevándote las bolsas
a no sé dónde a tu lado contigo.
Sé que debí apretar el paso
y llegado hasta ti excusarme
y decirte que eres bellísima.
Mientras lo pienso entras en un taxi

me miras y sonríes ligeramente.
Y quedo yo en la acera
escuchando el rumor
de todos estos años.

EL PERFUME DE LOS ROMEROS

Es una primavera oscura
y el perfume de los romeros
viaja en la brisa que levanta
los pilares de la serenidad.
Todo está bien ahora,
salvo que echo de menos
aquel modo en que te echaba de menos
cuando yo era tuyo y tú eras mía
y amarte y estar vivo eran lo mismo.

CAMINABAS

Caminabas entre la gente
igual que un órgano sonando
en una catedral vacía.
El incienso de la memoria
perfumó la luz de la tarde
y mientras te alejabas
recordé los tiempos de la fe.

APRENDIENDO

Poco a poco la eternidad
se nos fue gastando y quedamos
solos tú y yo aprendiendo a ser
criaturas en el tiempo.

4

El crujido

El interminable
tiempo
me usa
como un
crujido.

Giuseppe Ungaretti

LA TRISTEZA DEL MUNDO

Yo no estoy triste en realidad.
Son las farolas amarillas
bajo la lluvia
las que están tristes.
La tristeza del mundo
es el mundo y nuestra tristeza
tan solo ideas vaporosas
de paso por el corazón.
Nadie soportaría ser
la luz amarilla de una farola
solitaria bajo la lluvia.

SÁBADO

Empujados por las promesas
del fin de semana se marchan todos.
Yo he decidido no salir
y quedarme en casa leyendo
el único libro que leo
desde que los sábados pasan
como troncos flotantes
en el río manso del tiempo.

TÚNEL

He excavado largamente
mi corredor de soledad.
Veo al fin frente a mí
el brillo de sus ojos.
Mis uñas están gastadas
mis ojos casi ciegos.
Detrás de mí el túnel se hundió
hace ya mucho tiempo.

EL GLOBO

Vi en estas montañas
un globo de vivos colores
que vino desde el mundo
flotando en el dulzor de las nogueras.
Luego se marchó lentamente
cruzando el cielo frío.

NUECES

El nogal silencioso sigue
rindiendo sus frutos inesperados.
En cada nuez se esconde una palabra
que ya no podrá ser juzgada.
Es necesario hacerse viejo.
Hace falta el hastío
de los años para ser libre.
De mis hombros dejo caer
todo como un abrigo
que ha empapado la lluvia.
Observo la corteza
agrietada de este árbol
y sin más horizonte que la muerte
comprendo la alegría de dar frutos
inapelables en su gratuidad,
las nueces que lentas se pudren
sobe la tierra que ya nadie pisa.

PERFUME

El aire perfumado por la lluvia
me requiere a la luz de los almendros.
Se abre en el gris cerrado de la tarde
el venero de la serenidad.
Haber vivido tanto es el abono
en que brota inesperado el instante.
Supo la semilla esperar
el alimento de mi decadencia
y en ella me renuevo
libre ya del azote
del tiempo y sus promesas.
Más allá de la lluvia
todo es el perfume de nada.

DOS

No me quejaré de la fecha
que ponga la muerte a mis días
pues viví en ellos el doble
del tiempo concedido.
Yo soy el que visteis, el vuestro,
y he sido al mismo tiempo el invisible.
Y sé que éramos dos
porque eran dos los mundos
distintos, separados,
que llegaban a mí
pidiendo ser vividos.
Y aunque no ha sido fácil
a veces vivir juntos
hemos alcanzado los días
ligeros, rumorosos, del sosiego.
Solo deseo ahora
que muramos los dos al mismo tiempo.

SOY

Soy una cambiante diversidad
de personas que nacen
y personas que mueren.
En mi interior hay jardines de niños
que juegan junto a cementerios
de lápidas sin nombre.

EN DEFENSA PROPIA

Sí. Lo hubiera matado.
Y no es una forma de hablar.
El odio me mostró
la cara de uno de los tipos
que hay en mí.
                    Amo desde entonces
                    en defensa propia.

ELEGÍA

Para G. S., dolor de agua extraviada.

Vivió siempre en las cumbres
atrapando el dolor
cotidiano de la derrota.
Antena ciega del silencio
que acabó con su vida,
el profesor accidental
nos transmitió sus oscuros saberes,
nos hizo daño con su amor
denso, oscuro, inquebrantable.
Luz, amor al fin, que nos deja
para releer los recuerdos
de aquella juventud perdida.
Ya no puedes negarte.
La muerte está de nuestro lado
para que al menos una vez
nos escuches y nos atiendas.
Descansa ya en los ojos
que te ofrecemos para el llanto.
Deshazte y fluye por el cauce
que secó tu mirada.

Y riega por fin las semillas
que hemos estado conservando
desde hace tiempo para ti.

MARISMAS

Caminaban las reses
hundidas hasta el pecho en la marisma.
Las cigüeñas planeaban
entreteniendo a los terneros.
Un viento de lluvia irisaba
el agua verdosa y los patos
subían y bajaban como en un tiovivo.
Nubes de distinto color
compartían el cielo
atada cada una a su promesa.
Un mundo anterior a los hombres
puso delante de los ojos
el pulso antiguo de nuestra amistad
y supe de la suerte de vivir
lo grande en lo pequeño.
La plenitud es un ternero
chapoteando en el agua
bajo los nubarrones.
Y dos amigos que pasean.

UN PATIO CON NARANJOS

Estoy en un hotel pequeño
con un hermoso patio de naranjos.
Cae la noche mientras leo
entre silencios y perfumes.
Comprendo que estoy aquí desde siempre,
que la eternidad era esto
mientras regreso a la lectura
de los viejos poemas.
Y no hace falta nada más.
A mi lado cae con ruido sordo
una naranja.

CALIENTE

Sentados en la acera
junto a aquella tahona
arrancábamos pan
quemándonos los dedos
empapados en vino
y guardamos silencio
solo cuando la noche
insinuó el primer sol
en las tejas dormidas.
Me pregunté si esa
iba a ser mi vida,
alcohol y verborrea
sobre poemas sobre
filósofos y locos
sobre arcanos ocultos
para los desgraciados
que en esas mismas horas
salían de los sueños
camino del trabajo.
Dudé y, sin embargo
supe que era un regalo
el beso de la luz,
la borrachera, el pan

caliente y las palabras
del amigo al marcharse.
Muchos años después
recuerdo aquella duda
fugaz, aquel instante,
y comprendo por fin
que por aquellas noches
yo vivo todavía.

EL VIEJO BARRIO

Camino por el viejo barrio.
Voy tropezando con nombres de amigos
y rostros de muchachas como espadas
que cortan en el aire
los hilos de la sombra.
Las viejas tabernas que carcomió
el olor del vino barato,
el farmacéutico ilustrado,
las motos rojas de los niños bien
y los primeros paseos con luz
rancia y deshabitada.
Pero no es de ese tiempo
sin color que me mira
de donde viene mi extrañeza
sino de recordar que entonces
creía estar a salvo
de aquel en el que me he convertido.

CARRETERA SOLITARIA

Una tras otra vienen hacia mí
las curvas de la carretera
solitaria.
Entro y salgo
de cada una de ellas
con dulzura mecánica.
El ronroneo de los neumáticos
en el asfalto mulle
el vacío del viaje.
Conducir a solas es obediencia,
abdicación serena de un destino.
Detengo el coche para contemplar
las aves migratorias
que han vuelto y se posan en los postes de la luz.

LARGANDO VELAS

Cuando los años se remansan
como el caudal de un río
que tiene ya del mar noticia,
sucede a veces que los ojos
se detienen en el fulgor
de algo que está existiendo,
una mariposa de otoño,
la pulpa transparente
de un caqui bajo el sol,
una cortina que se mueve
al olor apacible del café,
o el grano de escarcha que adorna
la flor seca de la virgaza.
Todo vibra de nuevo entonces
como la piel de una laguna
acariciada por el viento,
todo el vigor que guarda
lo que apenas se mueve
llega hasta el corazón
que despabila y larga velas.
Pensando con los ojos
el cansancio se disipa

y vuelve el viejo barco
de nuevo a navegar.

CORAZÓN

Esta tarde mi corazón
es como un anciano
que salió de casa y no ha vuelto.

COLLIURE

Tengo en el bolsillo un papelito
en el que apunté un verso
por si es hoy cuando muero.
No hay más realidad que el exilio.
La poesía siempre está del otro lado.
Escribir es casi estar muerto.
Yo tengo en mi bolsillo un papelito
en mi viejo gabán gastado
por si es hoy mismo cuando tengo
que ir a morirme contigo.

DESAPARECIENDO

Cuando acabaron
las obras de esta casa
construida para el olvido
con los ojos cerrados
fui recorriendo sus rincones
y os vi en la terraza
padre madre
habíais vuelto
y el mundo se movía lentamente
bajo el arco de vuestras mecedoras.
La dulzura de vuestra transparencia
me envuelve desde entonces
y voy desapareciendo sin miedo.
La casa entre las montañas
es un barco que en la noche
con sus diminutas luces navega.

EL CIPRÉS Y LOS PÁJAROS

Oigo el barullo de los pájaros
cuando paso junto al ciprés
del jardín y se asustan
y alborotan en las ramas.
Me gustaría poder explicarles
que no deben temer nada de mí,
que supieran que me estoy acabando
como una procesión
que vuelve a su parroquia
y guarda en una sala oscura
el viejo rostro del crucificado.
Que vivo en la sombra y sombra soy
inofensiva y ajena a sus trinos
que fabrican la luz primaveral.
Y que si paso junto a su ciprés
no llego, sino que me estoy marchando.

Índice